सर्द हवा की बाहों में

कपूर्रज शर्मा

XpressPublishing
An imprint of Notion Press

XpressPublishing
An imprint of Notion Press

Old No. 38, New No. 6
McNichols Road, Chetpet
Chennai - 600 031

First Published by Notion Press 2019
Copyright © Kapooraj Sharma 2019
All Rights Reserved.

ISBN 978-1-64678-085-3

This book has been published with all efforts taken to make the material error-free after the consent of the author. However, the author and the publisher do not assume and hereby disclaim any liability to any party for any loss, damage, or disruption caused by errors or omissions, whether such errors or omissions result from negligence, accident, or any other cause.

While every effort has been made to avoid any mistake or omission, this publication is being sold on the condition and understanding that neither the author nor the publishers or printers would be liable in any manner to any person by reason of any mistake or omission in this publication or for any action taken or omitted to be taken or advice rendered or accepted on the basis of this work. For any defect in printing or binding the publishers will be liable only to replace the defective copy by another copy of this work then available.

क्रम-सूची

प्रस्तावना	v
भूमिका	vii
1. सर्द हवा की बांहों में	1
2. मैं ज़िंदा लाश हो गया	3
3. दास्तान-ए-मौत	6
4. आज़माइश नहीं मोहब्बत की	9
5. चाहत का सफर	12
6. बेबस धरती	15
7. दिया जल रहा है	19
8. कौन मरता है	21
9. किसान की व्यथा	24
10. खुदी से बेरुखी	27
11. होश ने पिया मदहोशी का जाम	30
12. वो अजीब शाम	33
13. आज आग का रंग देखा मैंने	35
14. ये अपनों की ही तो रंजिश है	39
15. पलक है कोई राज़ नहीं	42
16. वाकिफ़ तो था मेरे हर लफ्ज़ से वो	46

प्रस्तावना

मेरी यह पुस्तक उन कविताओं और ग़ज़लों का संग्रह है जो मैंने अपनी अब तक की जिंदगी में महसूस किया है।मेरा जिंदगी को देखने, परखने और समझने का नजरिया बहुत अनोखा है। मैंने जिंदगी को कभी भी दूसरों के नजरिए से नहीं देखा जीवन की हर चुनौतियां एवं परिस्थितियों को खुद परखा और जिंदगी के तजुर्बे हासिल किए।इन्हीं तजुर्बों और हालातों से मैंने जो अनुभव प्राप्त किए वह मैंने इस किताब में कविताओं और ग़ज़लों के माध्यम से अल्फ़ाज़ों में उकेरें हैं ।

भूमिका

यह पुस्तक मैं उन सभी लोगों को समर्पित करना चाहता हूं जिन्होंने मेरे जीवन में प्रत्यक्ष एवं अप्रत्यक्ष रूप से बहुत महत्वपूर्ण भूमिका निभाई। उन्हीं लोगों में से कुछ लोगों के नामों का यहां में उल्लेख करना चाहूंगा।

सर्वप्रथम मेरे माता पिता जिनसे मेरा वजूद है और जो हमेशा इस दुनिया की कड़ी जलती धूप में किसी घने दरख़्त के साए की भांति मेरे साथ खड़े रहे।

अब मैं श्री राजेंद्र पांडे जी का धन्यवाद करना चाहूंगा जिन्होंने मुझे एक अनोखी पहचान दी जी हां यह वही शख्स है जिन्होंने मेरा इतना प्यारा खूबसूरत और अनोखा नाम रखा (कपूरज) जिस वजह से मुझे इस दुनिया में एक अलग पहचान मिली।

अब मैं मिस साधना चौबे जी को धन्यवाद देना चाहूंगा जिन्होंने सदैव मुझे प्रोत्साहित किया और जीवन के हर पड़ाव में मेरा साथ दिया जीवन के कठिन रास्तों में सदैव मेरा पथ प्रदर्शित किया मेरे जीवन में इनका योगदान अतुलनीय है।

श्री राजेश शर्मा यह मेरे चाचा जी हैं और यह वह शख्स है जिन से मैंने सीखा की जीवन की विकट से विकट परिस्थितियों में कैसे खुश रहे और मुस्कुराते रहे अपनों की परवाह करना और हर हाल में उनका साथ देना मैंने इन्हीं से सीखा मेरे बाल्यकाल से ही इन्होंने मुझे सदैव प्रेरित किया एवं वर्तमान काल में भी मेरे प्रेरणा के स्रोत है।

अब मैं जिन को धन्यवाद देने जा रहा हूं ये है मेरे परम मित्र श्री अर्पित गुप्ता।एक सच्चा दोस्त क्या होता है और उसकी परिभाषा क्या होती है यह मैंने तब जाना जब इनका आगमन मेरे जीवन में हुआ मेरे जीवन के हर मुकाम में इन्होंने कदम से कदम मिलाकर निस्वार्थ भाव से मेरा साथ दिया और जब भी मेरा मनोबल डगमगाया इन्होंने एक भाई की तरह एक दोस्त की तरह एक प्रेरक की तरह सदैव मेरा मार्गदर्शन किया मेरे जीवन में इनका भी बहुत महत्वपूर्ण स्थान है ।

धन्यवाद

1. सर्द हवा की बांहों में

सर्द हवा की बाहों में रात ढल रही है,

दिल की आरजू अरमानों से कुछ कह रही है,

सुर्ख था वो मौसम मानो एकांत भी एकांत हो गया हो,

अंबर में मानो चांद तारों की अठखेलियों का वृत्तांत हो गया हो,

इज़्न ना थी रात को कि वह मोम की तरह पिघल जाए,

डर है कहीं चांदनी भी इस रात की कैमाज़ न हो जाए,

कायल था खुदा भी इस कैंहा का अद्भुत नजारा देख कर,

सर्द हवा की बाहों में
कितना इदबार हूं मैं मुस्कुरा रहा था यह सोच कर । ।

2. मैं ज़िंदा लाश हो गया

ओढ़ के चादर वक्त की,

तन्हाई में मैं सो गया,

वक्त बदला लोग बदले,

जाने कहां मैं खो गया,

गिरती हुई शबनम की बूंदे,

जाने कब पलकों पर जमी,

और जमाना कहता है मुझसे,

समंदर सा तू रो गया,

अपने वजूद की तलाश में "देव",

तू जाने किस किस का हो गया,

समेट कर अपनों की रंजिश,

अफसोस की गठरी ढो गया,

अजीज था जो शख्स हमको,

वो चलते-चलते कहीं खो गया,

अरसे बाद टकराया आज पर,

अब अनजान सा कुछ हो गया,

दस्तूर-ए-दुनिया निभाते-निभाते,

कहीं अक्स मेरा खो गया,

तमाजत में   गर्दिश-ए-अय्याम की पिघलकर,

"देव" मैं जिंदा लाश हो गया ।।

3. दास्तान-ए-मौत

बड़ा मुबारक दिन है आया,

आज खुशियों का मेला है,

देख तेरा भी वजूद,

आज आज़ाद है अकेला है,

आज ना कोई है झंझट,

ना आज कोई झमेला है,

आज़ाद रूह अब हुई पखेरू,

अब जिस्म मात्र एक ढेला है,

मेरे अपनों ने ही उठा मुझे,

अपने कांधों पे ढकेला है,

मुख में डाल टुकड़े कनक के,

माथे पे गुलाल उड़ेला है,

चल पड़ा हूं मंजिल को अपनी,

देव आज अकेला है,

सगे संबंधी जला रहे हैं,

खूब तकदीर ने खेला है,

याद रखना अल्फ़ाज़ देव के,

सराफा-ए-कैंहा मैला है

लेता हूँ अब विदा दोस्तों

के आई रुखसत की बेला है॥

4. आज़माइश नहीं मोहब्बत की

आज़माइश नहीं मोहब्बत की,

ये हक है मेरे जज्बातों का,

तेरी जुस्तजू में दिन बीत रहे,

खोया है चैन अब रातों का,

सर्द पड़ रही है मोहब्बत तेरी,

या असर है फिजूल की बातों का,

चाहत है तो बता मुझे,

क्या डर है झूठे नातों का,

इद्‌बार नहीं हूं इश्क से मैं,

ये सिलसिला है मेरे हालातों का,

न ख्वाहिशें हैं बेशुमार सी मेरी,

बस तलबगाऱ हूं चंद लम्हातों का,

रूह की मौसिकी के यहां सब खिलाफ हैं,

चलता है खेल यहां जातों का,

इंतजार है बहुत ज़मानों से मुझे,

चाहत की बे-मौसम बरसातों का,

अब न कर मुझे अलहदा महफ़िल में,

कई बार लौटा है काफिला बारातों का,

अब हाथ थाम और बाहों में भर ले,

मैं फकीर हुआ तेरी सौगातों का ।।

5. चाहत का सफर

सफर शुरू हुआ तुम्हें देख के,

मैं थम सा गया तुम्हें देख के,

इश्क की बिजली कौंधी दिल में,

पागल सा हुआ तुम्हें देख के,

जब मुलाकात हुई तो जाना तुमको,

दूजी दफ़ा में पहचाना तुमको,

मुलाकातें जब हुई मुकम्मल,

तब सबसे बढ़कर माना तुमको,

तेरी आंखों में दिन बीत गए,

तेरी बातों में दिन बीत गए,

ये साल मोहब्बत के ऐसे गुजरे,

जैसे कुछ दिन साल के बीत गए,

ये दौर रुक गया है कुछ पल को,

अब दूर जा रही हो तुम कल को,

गर मेरे बस मैं होता जान मेरी,

हाथ थाम मैं रोक लेता तुमको,

चलो अब रुखसत करता हूं,

ख़ुशी-ख़ुशी तुम्हें देख के,

पर ये मत कहना अश्क़ ना हो,

जाता हुआ तुम्हें देख के ।।

6. बेबस धरती

घुट गया दम फूलों का,

थम गयी सांस अब बेलों की,

बेबस धरती अब गुलाम है,

तकनीक और विज्ञान के खेलों की,

पहले धूप की चंचल किरणें,

कलियों पर इठलाती थी,

टमाटरों को लाली देती,

फलियों संग मुस्काती थी,

पहले घर अंगना और द्वारे,

सुनहरी धूप चमकती थी,

पर आज उन्हीं दहलीज़ों पर

बन महाकाल बरसती है,

पहले सितारों का बिछौना,

आसमान में सजता था,

अब तो तारों का होना भी,

चांद ईद का लगता है,

कस्तूरी सी बहती थी,

हवा वाटिका उपवन में,

महक उठती थी जीवन की कली,

ख्वाबों के चिलमन में,

अमृत धार से बहती नदियां,

मन को तरंगित करती थी,

मृत काया बेजान जिस्म में,

जीवन ज्योति भर्ती थी,

आत्म तृप्ति तो छोड़ो "देव",

प्यास भी अब बुझती नहीं,

नदियों में जहर है या,

नदी ही है जहर की,

अब कुछ भी यहां पता नहीं,

समा अब वो बीत गया,

जब रौनक थी हरियाली के मेलों की,

बेबस धरती अब गुलाम है । ।

7. दिया जल रहा है

दिया जल रहा है,

फिर भी अंधेरा है,

उगता नहीं है यहां पर सूरज,

ये कैसा सवेरा है,

ये कैसी लौ है आशा की,

जिसमें लोग निराश है,

पास पड़ा समंदर है,

फिर भी गहरी प्यास है,

रौनक ही रौनक है इस समा में,

फिर भी क्यों ये एहसास है,

अपने ही अपनों का पूरा जहां है मेरा,

फिर भी किसी अपने की आस है । ।

8. कौन मरता है

मरता है ज़िस्म रूह नहीं मरती,

कभी किसी चोट की शिकायत नहीं करती,

इंसान मोहब्बत करता है ज़िस्म से मगर रूह नहीं जलती,

आगे जिस्म मोह के पाक रूह की भी नहीं चलती,

ज़िस्म की गुस्ताखी तो देखो,

गुमान है अपने रंग का,

भूल गया है वो नादान की,

बस रिश्ता है दो पल संग का,

सिमट गई है सच्चाई उसकी,

इस दुनिया के जाल में,

नहीं पता उसको ये कि है,

कौन कहां किस हाल में,

होड़ में इंसान को देखो,

कितना बदल जाता है,

अपनी झूठी शान की खातिर,

इमारते बनवाता है,

इमारत दर इमारत वाह चांद तक भी पहुंच जाता है,

पर जब मौत सामने हो खड़ी तब

मिट्टी के भाव ही जाता है,

और इस मिट्टी की यहां कोई कीमत नहीं लगती,

क्योंकि मरता है ज़िस्म रूह नहीं मरती,

कभी किसी चोट की शिकायत नहीं करती । ।

9. किसान की व्यथा

कल तक आंखों में अपनी लहलहाती,

फसल के सपने बो रहा था,

पर आज अपनी बर्बादी का तमाशा देख,

वो कितना रो रहा था,

क्या गलती थी उस मजबूर की,

जो उसके घर में मातम था,

चिराग से रोशन थे घर जहान के,

क्यों उसके घर में घना तम था,

अपने हृदय में वो तबाही

का बोझ ढो रहा था,

आज फिर उसका परिवार

भूखा पेट सो रहा था,

खुदा ने कहर क्यों बरपाया,

यह एक सवाल वह कर गया था,

अपनी बर्बादी के सकते में,

वह जीते जी मर गया था,

अपनी फसल को नष्ट देख वो,

सदमे में सब भूल गया था,

इस दुनिया से परे आज फिर,

किसान फंदे पर झूल गया था।।

10. खुदी से बेरुखी

खुदी से बेरुखी कर बैठा हूं

ज़माने से बेरुखी होगी भी क्या

ख़ामोश इन अल्फ़ाज़ों से इश्क हुआ है

अब जज्बातों से मोहब्बत होगी क्या

ख्वाबों की चुभन अब अना बन चुकी है

बेधड़क ये अना अब पूरी होगी भी क्या

हर्फ़-दर-हर्फ़ मिटा दिया है ख़ुद को

हलफनामे की ज़रूरत अब होगी भी क्या

बेखुदी के हालातों में डूबा रहा उम्रभर

अब हालातों से बेखुदी होगी भी क्या

बेबसी का आलम कुछ यूं रहा ताउम्र

किसी बात की खुशी अब होगी भी क्या

कैमाज़ रहा ज़िंदगी के फलसफों का "देव"

ये जिंदगी मेरी कैमाज़ अब होगी भी क्या

मुख़्तलिफ़ सा अफसाना लेकर मंजिल को चला था

वज़ीफ़ा-ए-जिंदगी मुख़्तलिफ़ अब होगी भी क्या

जिंदगी बेमोल कर दी दुनिया की ख़ातिर देव

कपूरंज शर्मा

अब इससे ज्यादा मौत अनमोल होगी भी क्या

11. होश ने पिया मदहोशी का जाम

होश ने पिया मदहोशी का जाम,

ढलते-ढलते ढल गई शाम

मिजाज ना था मौसम का,

कि किया जाए कोई काम,

आलम था बस शाम का ये,

कि पिया जाए इक जाम,

बहुत रंज और मस्ती थी,

मोहब्बत के उस जाम में,

करनी थी कुछ बातें उनसे,

उस मदभरी शाम में,

शाम ने अपनी आंखें मूँदी,

चांदनी रात की बाहों में,

निकल आए चंदा और तारे,

नील गगन की छांव में,

वो शाम का मंजर डूब गया,

हम खोए थे उनकी आंखों में,

बातों में था जादू उनकी,

खो गए थे उनके आबों में,

उस रात के मस्त समा में,

खामोशियों का एक मंजर था,

नजरों से टकराती नजरें,

दिल,दिल के लिए मयस्सर था,

सांसो की गर्मी से उनकी,

पिघल गए थे अल्फ़ाज़ भी,

लबों पर छाया सुर्ख नशा,

और थम गई थी आवाज भी । ।

12. वो अजीब शाम

उस अजीब शाम की वो गुस्ताख़ हवा,

मेरे कानों में सरकती हुई मानो,

तेरा नाम ले रही हो

वो नदियों की कल-कल,

वो पंछी की हलचल,

वो कोयल के गीत,

जैसे तेरा पयाम दे रहे हो,

वो बहार-ए-मौसम,

वो नज़ारे आलम,

बयां कर रहे थे,

हाल-ए-नज़दीकियां,

देख कर गुमान-ए-मोहब्बत दिल का,

पूछ बैठी मेरी रूह यह तूने क्या किया,

तेरी मोहब्बत की पनाहों में

दिल करना चाहता है बसर,

बस दुआ है मेरी मिले चाहत इतनी,

के रह जाए ना कोई कसर । ।

13. आज आग का रंग देखा मैंने

आज आग का रंग देखा मैंने,

कितना वो मेरे पास था,

लपटों के सीने छलनी थे,

उड़ता धुआं भी उदास था,

ज्वाला में धधक रही थी,

लाशें गर्म अंगार की,

पीड़ित थी दुनिया के छल की,

सर्द हवा की बाहों में

चोटिल थी दोहरे वार की,

एक नन्हीं घायल लौ से जब मैंने,

पूछा किस्सा इस बर्बादी का,

वो सहम कर बोली यह कसूर है,

इंसान की मुर्दा आबादी का,

माथा ठनका सिर चकराया,

उसकी यह बातें सुनकर,

जिंदा जीवो के संसार को,

क्यों कह रही मुर्दाघर,

वह बोली हम बतलाते हैं,

क्यों हम इन्हें मुर्दा कहते हैं,

झूठ फरेब के यह खुद पुतले हैं,

और दूसरों की अग्नि परीक्षा लेते हैं,

चिंगारी-चिंगारी अब बदनाम हो चुकी,

अब आग भी यहां पर झूठी है,

झूठे रस्मो रिवाज से यहां,

आज फिर एक औरत टूटी है,

लोभ और लालच के सिक्कों के कारण,

आज फिर एक किस्मत फूटी है,

बड़ी तकलीफ की बात है "देव",

आज फिर तकदीर रूठी है,

न्यायालयों की दिवारी में फिर,

आज गीता की कसमें टूटी हैं । ।

14. ये अपनों की ही तो रंजिश है

क्यों छूटा और क्या टूटा,

ये अपनों की ही तो रंजिश है,

वक्त को किया बदनाम यहां,

ये अपनों की ही तो रंजिश है,

घाव दिए हैं दांव लगाकर,

ये अपनों की ही तो रंजिश है,

फिर कुरेद किया ज़ख्म हरा,

ये अपनों की ही तो रंजिश है,

अब तो रूह भी लहूलुहान है,

ये अपनों की ही तो रंजिश है,

रिश्तो से बढ़कर मकान है,

ये अपनों की ही तो रंजिश है,

सौदा हुआ जज्बातों का अब,

ये अपनों की ही तो रंजिश है,

ओहदा हुआ नातों का अब,

ये अपनों की ही तो रंजिश है,

भीगी रेत पर वादे उकेरना,

ये अपनों की ही तो रंजिश है,

मारे हालात पर साथ छोड़ना,

ये अपनों की ही तो रंजिश है,

छूटते-छूटते छूटा है कारवां,

ये अपनों की ही तो रंजिश है,

हाथ थाम फिर छोड़ा दर-ब-दर,

ये अपनों की ही तो रंजिश है । ।

15. पलक है कोई राज़ नहीं

इज़्न की तू मोहताज नही

झपकना तेरा साज़ वही,

ख्वाब तेरे दरमियां है,

पलक है तू कोई राज नहीं,

ख्वाबों का चिलमन तुझसे है,

नजरों का वर्णन तुझसे है,

किसी बात का तुझ को नाज़ नहीं,

पलक है तू कोई राज़ नहीं,

हो मुकम्मल पूजा तुझसे,

हो सब की इबादत तुझसे ही,

बिन तेरे ना कोई हो प्रार्थना,

तेरे बिना कहीं नमाज़ नहीं,

दुश्मन हो या दोस्त कोई हो है,

सबके लिए तेरा अंदाज वही,

कभी एकटक जो तू निहारे,

बदले उस पल मायने कई,

गर ठहर जाएगी तू कुछ पल को,

सर्द हवा की बाहों में

जिंदगी से हो जाएगा ऐतराज़ वहीं,

अफसाने कभी फिर नहीं बनेंगे,

कोई काम कभी फिर होगा नहीं,

मेरे खुशनुमा पल मैं तुझसे,

है "देव" की ग़ज़ल के अल्फ़ाज़ तू ही,

कभी जो फुर्सत से बैठा तब,

बनेंगी नज्में तुझ पर ही,

नहीं अंत अभी अल्फ़ाज़ों का,

अभी तो है ये आग़ाज़ ही,

खुदा का हसीन सृजन है तू,

पलक है तू कोई राज़ नहीं । ।

16. वाकिफ़ तो था मेरे हर लफ्ज़ से वो

वाकिफ़ तो था मेरे हर लफ्ज़ से वो,

पर महसूस करना शायद उसे गवारा न था,

सिर्फ उसे पाने की अऩा थी इस दिल में,

क्योंकि जहां में कोई उससे प्यारा न था,

मद्धम मद्धम हवा से उड़कर,

बालों का चेहरे पर आना लाज़मी था,

क्योंकि उस अप्सरा ने अभी,

अपनी जुल्फों को संवारा न था,

मेरी हर बात पर उसकी,

इश्तिबाही निगाहों का फेरा था,

शायद इन्हीं निगाहों ने ही,

उसके मन को उलझन में घेरा था,

मेरी रूमानी हिमाकतों में होना,

वो भी चाहती थी इश्तिराक,

पर अपने गुरुर की आंच में,

कर रही थी हर लम्हा ख़ाक ।।

www.ingramcontent.com/pod-product-compliance
Lightning Source LLC
LaVergne TN
LVHW011859060526
838200LV00054B/4432
* 9 7 8 1 6 4 6 7 8 0 8 5 3 *